AF187438

Impressum
Verlag: BABADADA GmbH, Nedderfeld 112 , 22529 Hamburg
Geschäftsführer / Verlagsleitung: Harald Hof
Druck: Books on Demand GmbH, In de Tarpen 42, 22848 Norderstedt

Imprint
Publisher: BABADADA GmbH, Nedderfeld 112 , 22529 Hamburg, Germany
Managing Director / Publishing direction: Harald Hof
Print: Books on Demand GmbH, In de Tarpen 42, 22848 Norderstedt, Germany

学校

学校

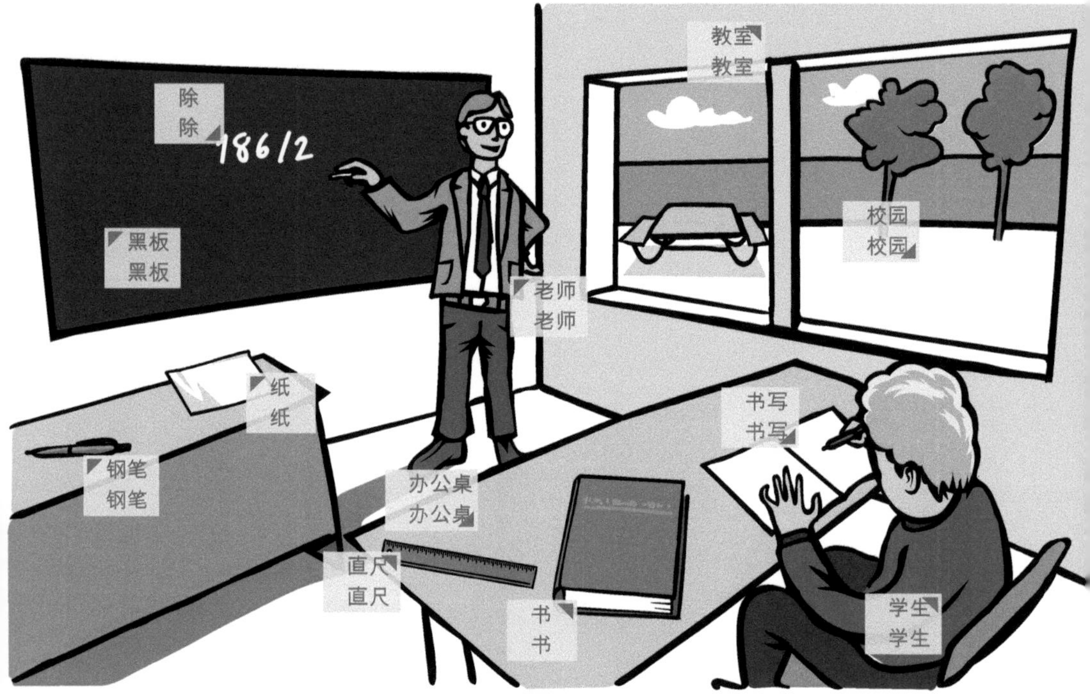
教室
教室
除
除
186/2
黑板
黑板
老师
老师
校园
校园
纸
纸
书写
书写
钢笔
钢笔
办公桌
办公桌
直尺
直尺
书
书
学生
学生

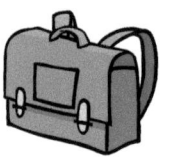

书包

书包

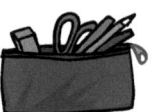

铅笔盒

铅笔盒

铅笔

铅笔

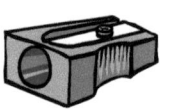

卷笔刀

卷笔刀

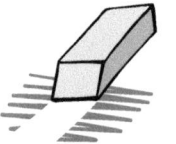

橡皮擦

橡皮擦

画板

画板

图画

图画

画笔

画笔

颜料盒

颜料盒

剪刀

剪刀

胶水

胶水

练习册

练习册

家庭作业

家庭作业

12

数字

数字

2+2

加

加

5-2

减

减

2×2

乘

乘

计算

计算

A

字母

字母

ABCDEFG
HIJKLMN
OPQRSTU
VWXYZ

字母表

字母表

hello

字

字

课文
课文

读
读

粉笔
粉笔

上课
上课

登记
登记

考试
考试

证书
证书

校服
校服

教育
教育

百科全书
百科全书

大学
大学

显微镜
显微镜

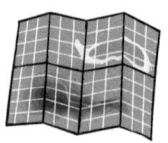

地图
地图

废纸筐
废纸筐

酒店
酒店

Grand

青年旅
社
青年旅
社

ROOMS

外币兑换
处
外币兑换
处

EXCHANGE

手提箱
手提箱

汽车
汽车

语言
语言

是/否
是/否

好的
好的

您好
您好

翻译员
翻译员

谢谢
谢谢

......多少钱？

......多少钱？

我不明白

我不明白

问题

问题

晚上好！

晚上好！

早上好！

早上好！

晚安！

晚安！

再见

再见

方向

方向

行李

行李

包

包

双肩包

双肩包

客人

客人

房间

房间

睡袋

睡袋

帐篷

帐篷

旅游信息

旅游信息

海滩

海滩

信用卡

信用卡

早餐

早餐

午餐

午餐

晚餐

晚餐

票

票

电梯

电梯

邮票

邮票

边界

边界

海关

海关

大使馆

大使馆

签证

签证

护照

护照

交通运输

交通运输

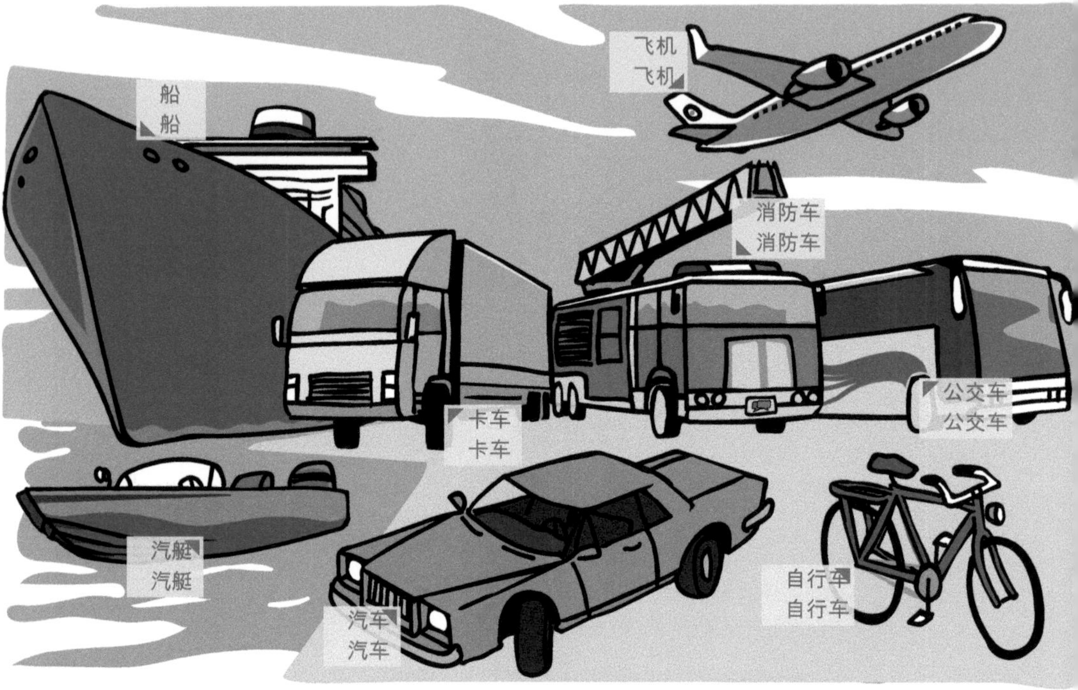
飞机
飞机
船
船
消防车
消防车
卡车
卡车
公交车
公交车
汽艇
汽艇
自行车
自行车
汽车
汽车

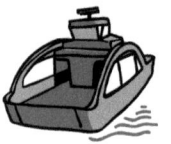

摆渡船

摆渡船

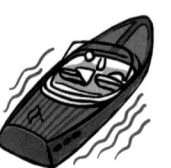

小船

小船

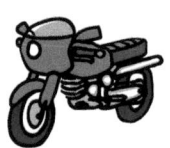

摩托车

摩托车

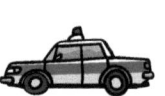

警车

警车

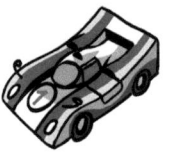

赛车

赛车

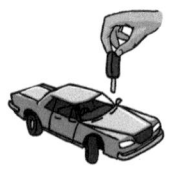

租车

租车

拼车

拼车

拖车

拖车

垃圾车

垃圾车

发动机

发动机

汽油

汽油

加油站

加油站

交通标志

交通标志

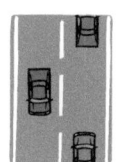

交通

交通

交通堵塞

交通堵塞

停车场

停车场

火车站

火车站

轨道

轨道

火车

火车

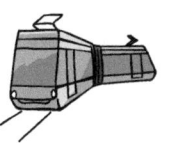

电车

电车

货车

货车

直升机
直升机

机场
机场

塔
塔

乘客
乘客

集装箱
集装箱

纸板箱
纸板箱

手推车
手推车

篮子
篮子

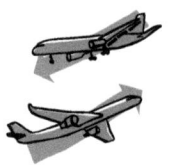

起飞/降落
起飞/降落

城市

城市

村庄
村庄

市中心
市中心

房子
房子

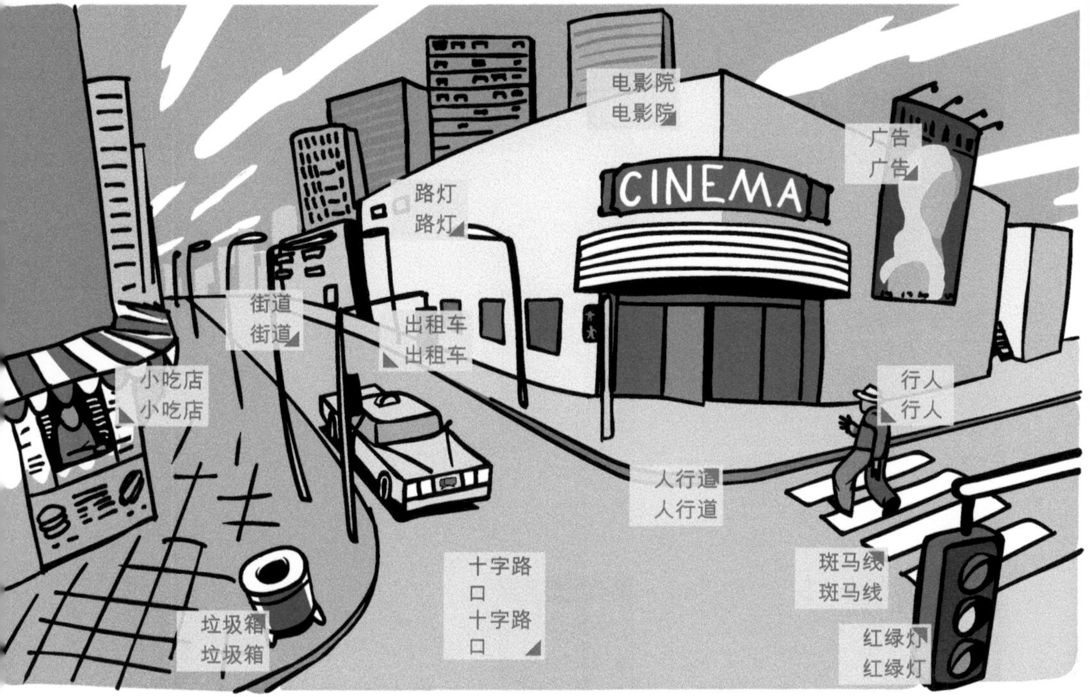
CINEMA
电影院
电影院
广告
广告
路灯
路灯
街道
街道
出租车
出租车
小吃店
小吃店
行人
行人
人行道
人行道
十字路口
十字路口
斑马线
斑马线
垃圾箱
垃圾箱
红绿灯
红绿灯

小屋

小屋

公寓

公寓

火车站

火车站

市政厅

市政厅

MUSEUM

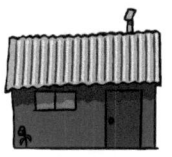

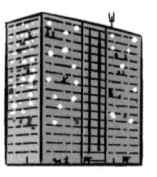

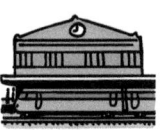

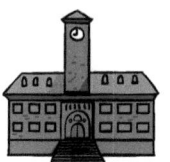

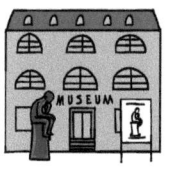

博物馆

博物馆

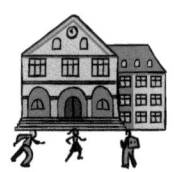

学校

学校

大学

大学

银行

银行

医院

医院

酒店

酒店

药房

药房

办公室

办公室

书店

书店

商店

商店

花店

花店

超市

超市

市场

市场

百货商店

百货商店

鱼店

鱼店

购物中心

购物中心

海港

海港

公园

公园

长凳

长凳

桥

桥

楼梯

楼梯

地铁

地铁

隧道

隧道

公交车站

公交车站

酒吧

酒吧

餐馆

餐馆

邮筒

邮筒

路标

路标

停车计时器

停车计时器

动物园

动物园

游泳馆

游泳馆

清真寺

清真寺

农场
农场

污染
污染

墓地
墓地

教堂
教堂

操场
操场

寺庙
寺庙

地形
地形

树叶
树叶

指示牌
指示牌

路
路

草地
草地

石头
石头

树
树

河
河

徒步旅行者
徒步旅行者

草
草

花
花

峡谷

峡谷

山

山

湖

湖

森林

森林

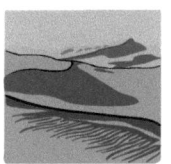

沙漠

沙漠

火山

火山

城堡

城堡

彩虹

彩虹

蘑菇

蘑菇

棕榈树

棕榈树

蚊子

蚊子

苍蝇

苍蝇

蚂蚁

蚂蚁

蜜蜂

蜜蜂

蜘蛛

蜘蛛

甲虫

甲虫

青蛙

青蛙

松鼠

松鼠

刺猬

刺猬

野兔

野兔

猫头鹰

猫头鹰

鸟

鸟

天鹅

天鹅

野猪

野猪

鹿

鹿

麋鹿

麋鹿

水坝

水坝

风力发电机

风力发电机

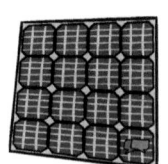

太阳能电池板

太阳能电池板

气候

气候

餐馆
餐馆

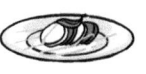

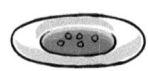

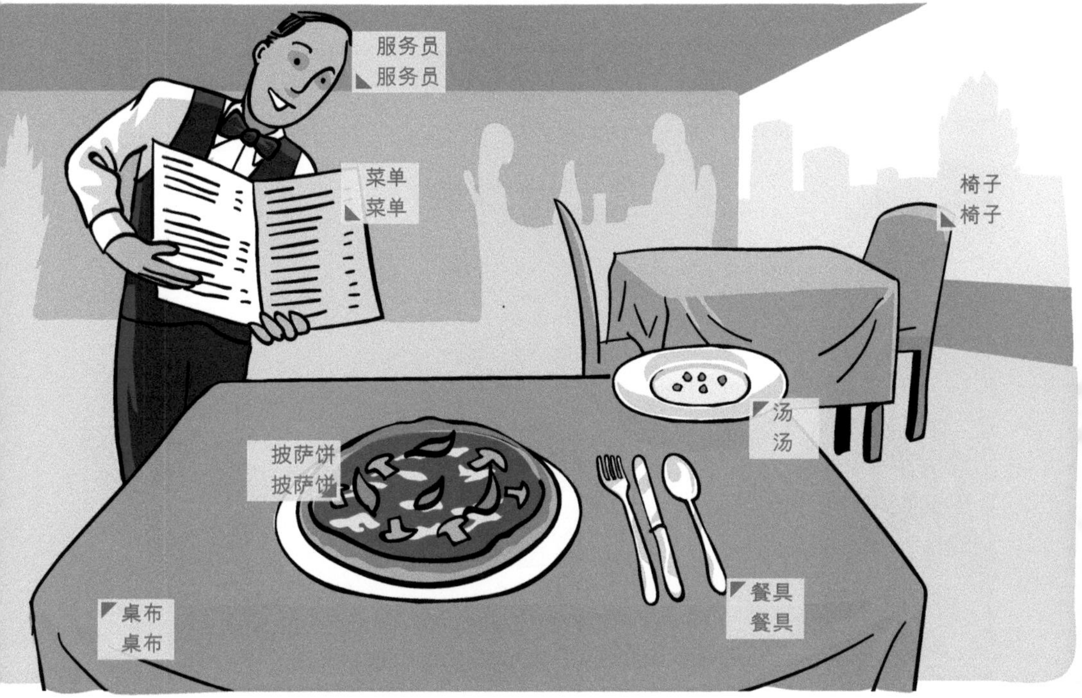
服务员
服务员
菜单
菜单
椅子
椅子
汤
汤
披萨饼
披萨饼
餐具
餐具
桌布
桌布

前菜
前菜

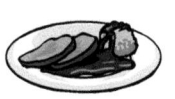

主菜
主菜

甜点
甜点

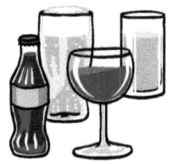

饮料
饮料

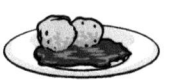

食物
食物

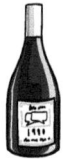

瓶子
瓶子

快餐

快餐

街边小吃

街边小吃

茶壶

茶壶

糖盒

糖盒

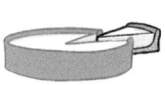

一份饭菜

一份饭菜

意式咖啡机

意式咖啡机

高脚椅

高脚椅

账单

账单

托盘

托盘

刀

刀

餐叉

餐叉

勺子

勺子

茶匙

茶匙

餐巾

餐巾

玻璃杯

玻璃杯

碟子
....
碟子

汤盘
....
汤盘

碟子
....
碟子

酱
....
酱

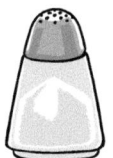

盐瓶
....
盐瓶

胡椒磨
....
胡椒磨

醋
....
醋

食用油
....
食用油

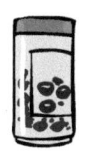

调味料
....
调味料

番茄酱
....
番茄酱

芥末
....
芥末

蛋黄酱
....
蛋黄酱

餐馆 - 餐馆

超市

超市

特价
特价
FOR
顾客
顾客
乳制品
乳制品
水果
水果
购物车
购物车

BUTCHERS

肉铺

肉铺

BAKERY

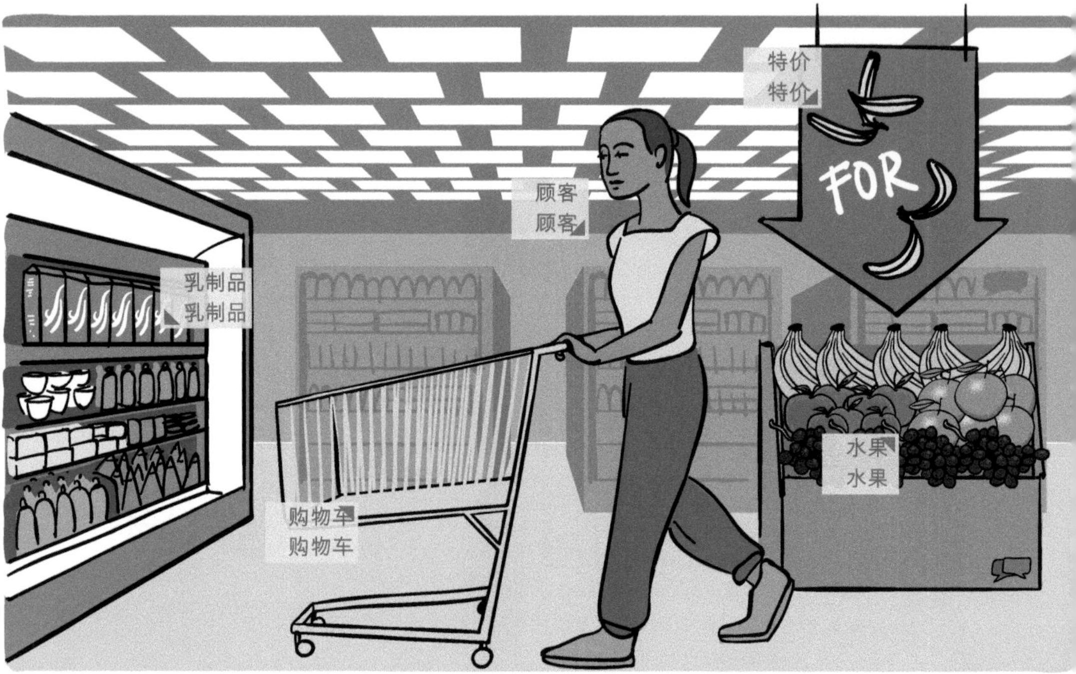

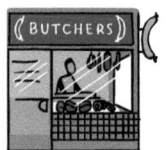

面包房

面包房

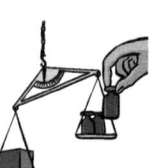

称重

称重

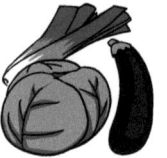

蔬菜

蔬菜

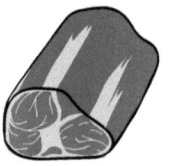

肉

肉

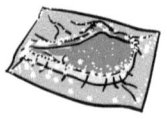

冷冻食品

冷冻食品

冷盘

冷盘

罐头食品

罐头食品

洗衣粉

洗衣粉

甜食

甜食

日用品

日用品

清洁用品

清洁用品

销售员

销售员

收银机

收银机

收银员

收银员

购物清单

购物清单

开放时间

开放时间

钱包

钱包

信用卡

信用卡

袋子

袋子

塑料袋

塑料袋

水

水

果汁

果汁

牛奶

牛奶

可乐

可乐

红酒

红酒

啤酒

啤酒

酒

酒

可可

可可

茶

茶

咖啡

咖啡

意式浓缩咖啡

意式浓缩咖啡

卡布奇诺

卡布奇诺

香蕉

香蕉

苹果

苹果

橙子

橙子

西瓜

西瓜

柠檬

柠檬

胡萝卜

胡萝卜

大蒜

大蒜

竹子

竹子

洋葱

洋葱

蘑菇

蘑菇

坚果

坚果

面条

面条

意大利面条

意大利面条

米饭

米饭

沙拉

沙拉

薯条

薯条

炸土豆

炸土豆

披萨饼

披萨饼

汉堡包

汉堡包

三明治

三明治

炸猪排

炸猪排

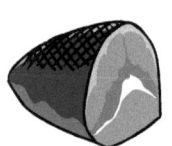

火腿

火腿

萨拉米

萨拉米

香肠

香肠

鸡肉

鸡肉

烤肉

烤肉

鱼

鱼

燕麦片

燕麦片

穆兹利

穆兹利

玉米片

玉米片

面粉

面粉

羊角面包

羊角面包

面包卷

面包卷

面包

面包

烤面包

烤面包

饼干

饼干

黄油

黄油

凝乳

凝乳

蛋糕

蛋糕

蛋

蛋

煎蛋

煎蛋

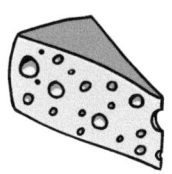

奶酪

奶酪

冰激凌

冰激凌

糖

糖

蜂蜜

蜂蜜

果酱

果酱

巧克力酱

巧克力酱

咖喱饭

咖喱饭

农场

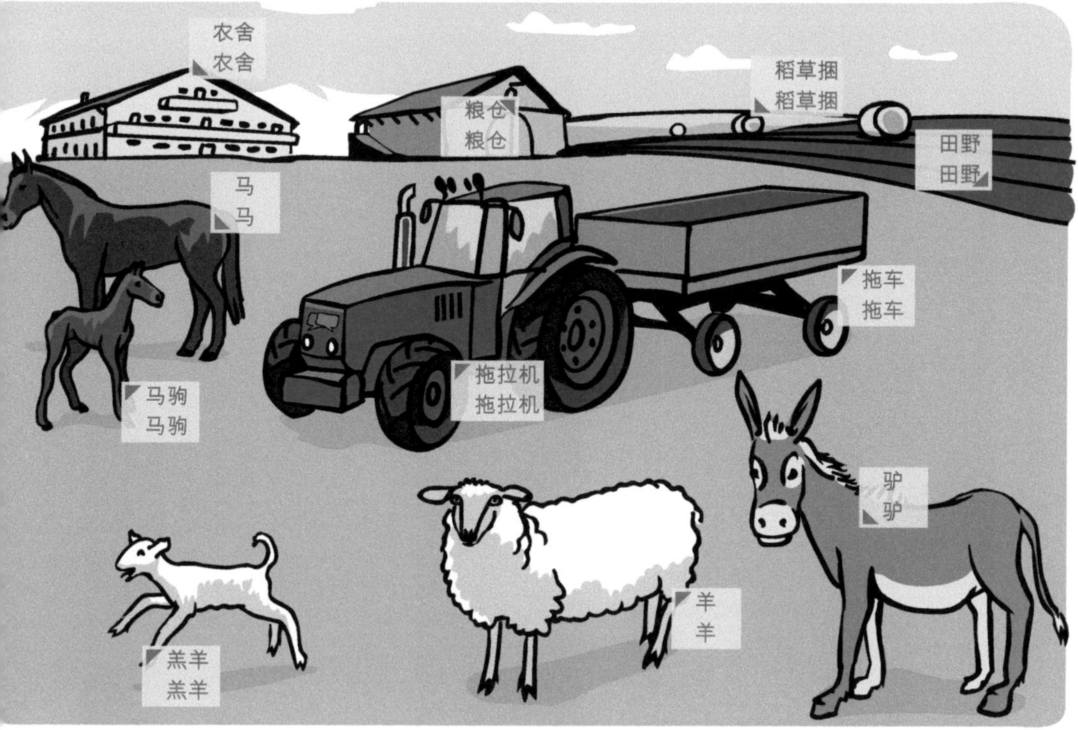
农舍
农舍
粮仓
粮仓
稻草捆
稻草捆
田野
田野
马
马
拖车
拖车
拖拉机
拖拉机
马驹
马驹
驴
驴
羊
羊
羔羊
羔羊

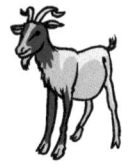

山羊

山羊

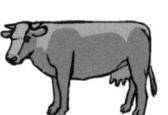

奶牛

奶牛

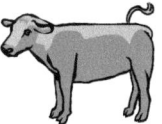

牛犊

牛犊

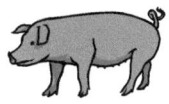

猪

猪

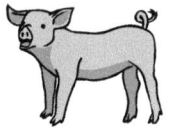

小猪

小猪

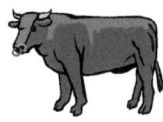

公牛

公牛

鹅

鹅

鸭

鸭

小鸡

小鸡

母鸡

母鸡

公鸡

公鸡

鼠

鼠

猫

猫

老鼠

老鼠

牛

牛

狗

狗

狗屋

狗屋

花园浇水软管

花园浇水软管

洒水壶

洒水壶

长柄大镰刀

长柄大镰刀

犁

犁

农场 - 农场

镰刀

镰刀

锄头

锄头

长柄草耙

长柄草耙

斧头

斧头

独轮手推车

独轮手推车

饲料槽

饲料槽

牛奶罐

牛奶罐

麻布袋

麻布袋

栅栏

栅栏

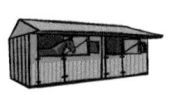

马厩

马厩

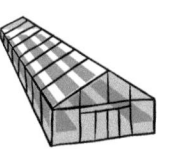

温室

温室

土壤

土壤

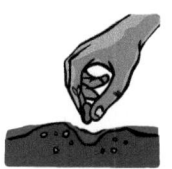

种子

种子

肥料

肥料

联合收割机

联合收割机

收割

收割

收割

收割

山药

山药

小麦

小麦

大豆

大豆

土豆

土豆

玉米

玉米

油菜籽

油菜籽

果树

果树

树薯

树薯

谷物

谷物

房子
房子

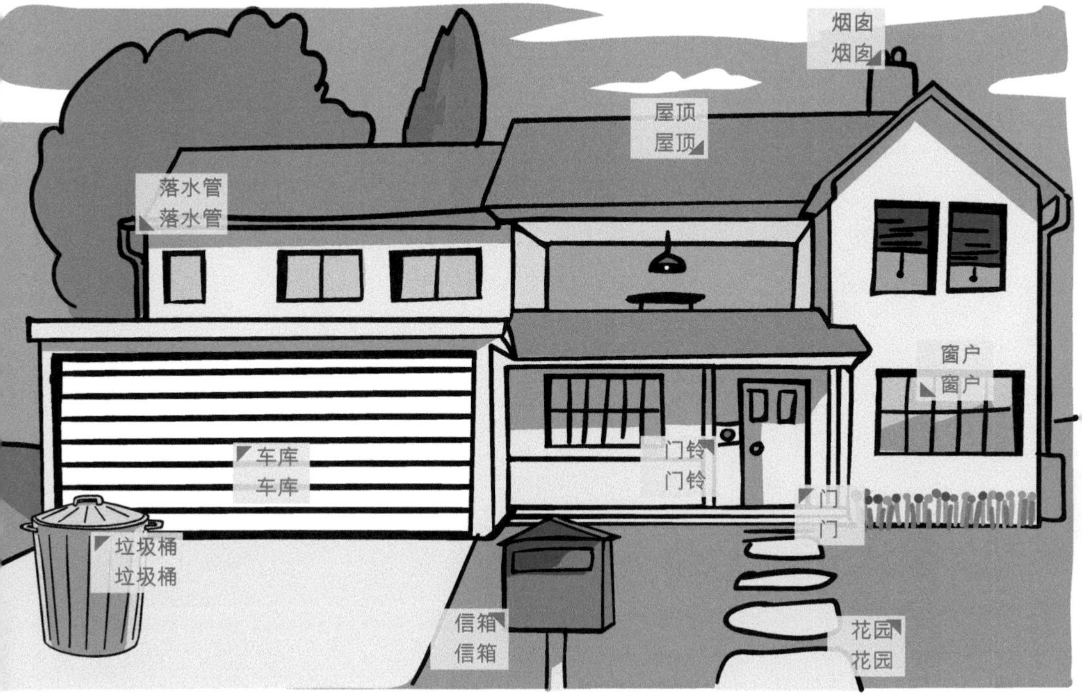
烟囱
烟囱
屋顶
屋顶
落水管
落水管
窗户
窗户
车库
车库
门铃
门铃
门
门
垃圾桶
垃圾桶
信箱
信箱
花园
花园

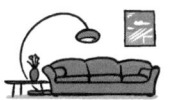

客厅

客厅

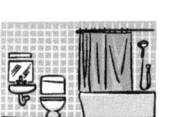

浴室

浴室

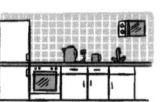

厨房

厨房

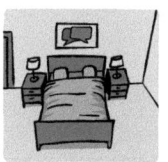

卧室

卧室

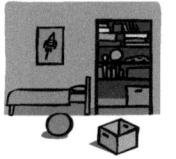

儿童房

儿童房

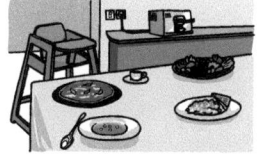

餐厅

餐厅

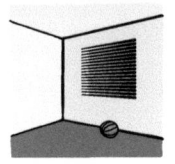

地板

地板

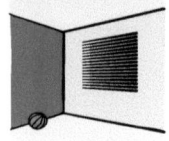

墙壁

墙壁

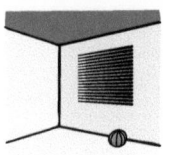

吊顶

吊顶

地窖

地窖

桑拿

桑拿

阳台

阳台

露台

露台

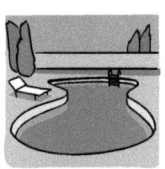

游泳池

游泳池

割草机

割草机

被单

被单

床罩

床罩

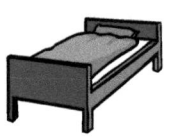

床

床

扫帚

扫帚

水桶

水桶

开关

开关

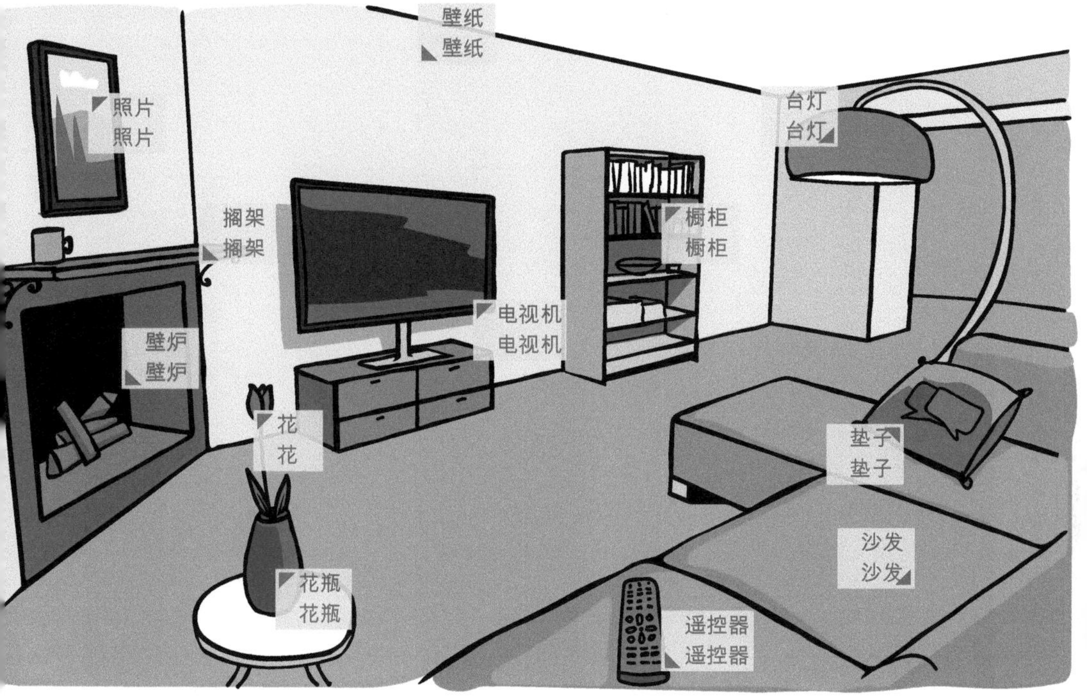

壁纸
壁纸

照片
照片

台灯
台灯

搁架
搁架

橱柜
橱柜

电视机
电视机

壁炉
壁炉

花
花

垫子
垫子

沙发
沙发

花瓶
花瓶

遥控器
遥控器

地毯
地毯

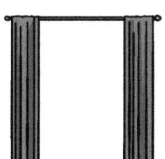

窗帘
窗帘

餐桌
餐桌

椅子
椅子

摇椅
摇椅

扶手椅
扶手椅

书

书

毯子

毯子

装饰品

装饰品

木柴

木柴

电影

电影

高保真音响

高保真音响

钥匙

钥匙

报纸

报纸

油画

油画

海报

海报

收音机

收音机

笔记本

笔记本

吸尘器

吸尘器

仙人掌

仙人掌

蜡烛

蜡烛

厨房
厨房

冰箱
冰箱
微波炉
微波炉
厨房秤
厨房秤
烤面包机
烤面包机
洗洁精
洗洁精
烤箱
烤箱
冰柜
冰柜
垃圾桶
垃圾桶
洗碗机
洗碗机

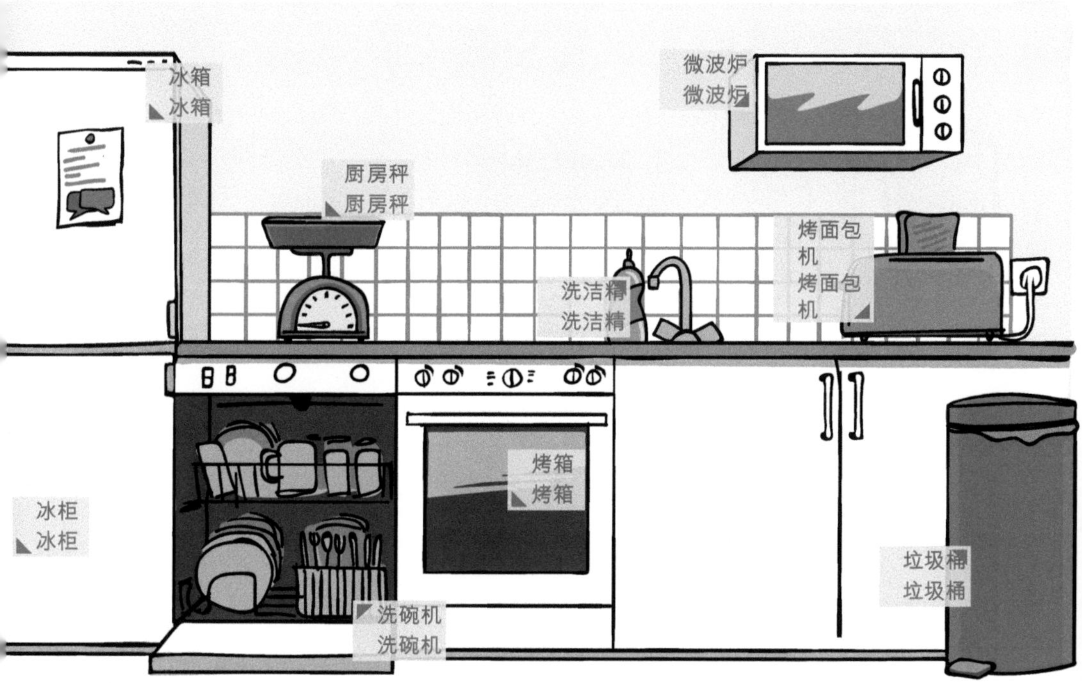

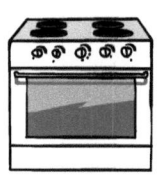

炊具

炊具

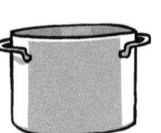

锅

锅

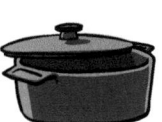

铸铁锅

铸铁锅

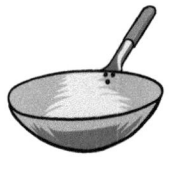

炒锅

炒锅

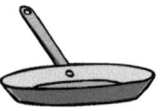

平底锅

平底锅

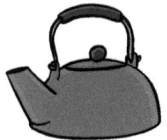

水壶

水壶

蒸锅

蒸锅

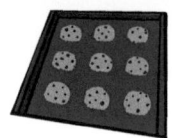

烤盘

烤盘

陶瓷锅

陶瓷锅

马克杯

马克杯

碗

碗

筷子

筷子

长柄勺

长柄勺

铲子

铲子

搅拌器

搅拌器

滤网

滤网

筛子

筛子

磨碎机

磨碎机

研钵

研钵

烧烤

烧烤

明火

明火

菜板

菜板

擀面杖

擀面杖

开瓶器

开瓶器

罐子

罐子

开罐器

开罐器

隔热手套

隔热手套

水槽

水槽

刷子

刷子

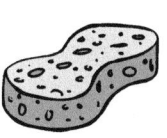

海绵

海绵

搅拌机

搅拌机

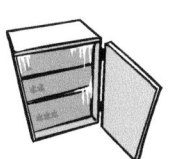

冷藏箱

冷藏箱

奶瓶

奶瓶

水龙头

水龙头

浴室

浴室

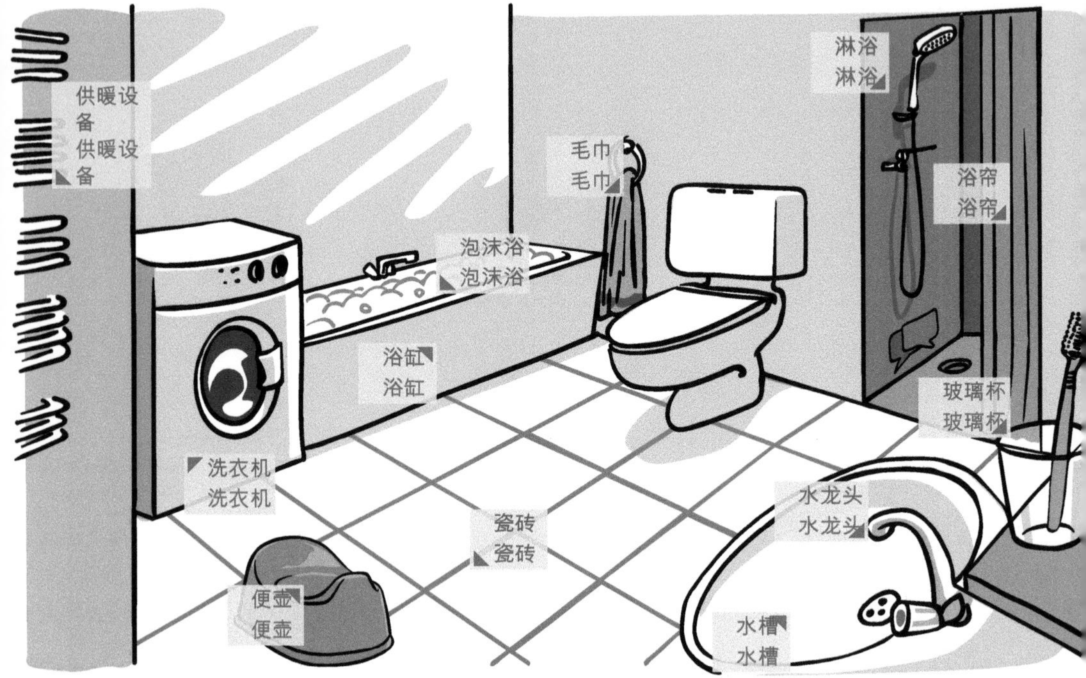

供暖设备
供暖设备
毛巾
毛巾
淋浴
淋浴
浴帘
浴帘
泡沫浴
泡沫浴
浴缸
浴缸
洗衣机
洗衣机
瓷砖
瓷砖
便壶
便壶
玻璃杯
玻璃杯
水龙头
水龙头
水槽
水槽

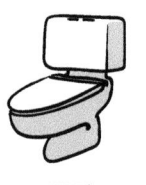

厕所
厕所

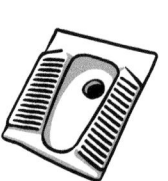

蹲便器
蹲便器

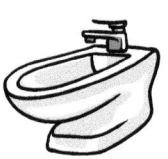

坐浴器
坐浴器

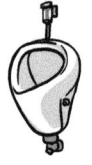

小便池
小便池

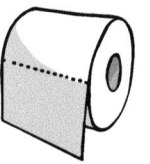

厕纸
厕纸

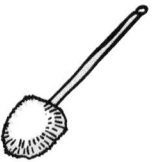

马桶刷
马桶刷

牙刷

牙刷

牙膏

牙膏

牙线

牙线

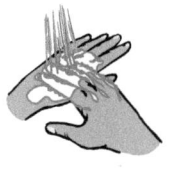

洗

洗

手持式喷淋头

手持式喷淋头

冲洗器

冲洗器

洗脸盆

洗脸盆

擦背刷

擦背刷

肥皂

肥皂

沐浴露

沐浴露

洗发水

洗发水

法兰绒

法兰绒

排水

排水

乳霜

乳霜

除臭剂

除臭剂

镜子

镜子

手镜

手镜

剃须刀

剃须刀

剃须泡沫

剃须泡沫

须后水

须后水

梳子

梳子

刷子

刷子

吹风机

吹风机

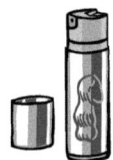

喷发定型剂

喷发定型剂

化妆品

化妆品

唇膏

唇膏

指甲油

指甲油

化妆棉

化妆棉

指甲剪

指甲剪

香水

香水

洗漱包
洗漱包

凳子
凳子

计重秤
计重秤

浴袍
浴袍

橡胶手套
橡胶手套

卫生棉条
卫生棉条

卫生巾
卫生巾

化学厕所
化学厕所

儿童房
儿童房

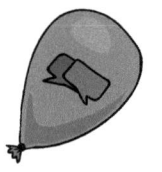

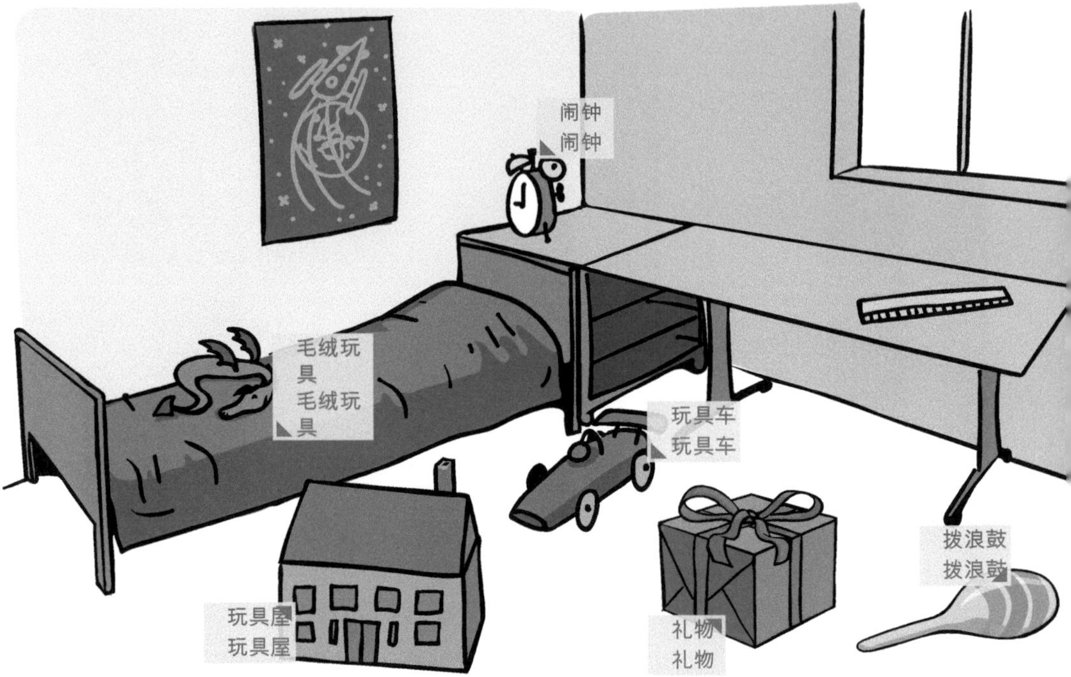
闹钟
闹钟
毛绒玩具
毛绒玩具
玩具车
玩具车
拨浪鼓
拨浪鼓
玩具屋
玩具屋
礼物
礼物

气球

气球

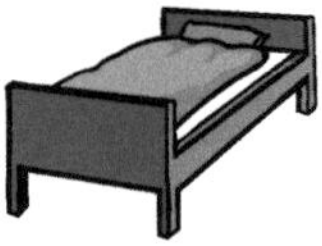

床

床

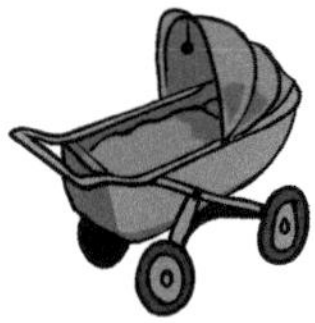

（洋娃娃用）婴儿车

（洋娃娃用）婴儿车

扑克牌

扑克牌

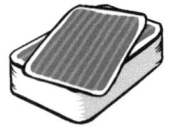

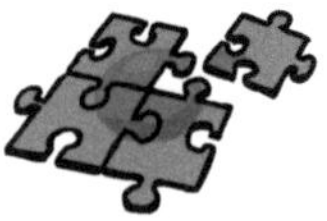

拼图

拼图

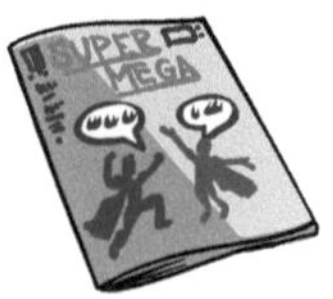
SUPER
MEGA

漫画

漫画

乐高积木

乐高积木

积木玩具

积木玩具

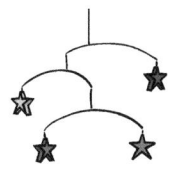

玩具人

玩具人

婴儿服

婴儿服

飞盘

飞盘

床铃玩具

床铃玩具

棋盘游戏

棋盘游戏

骰子

骰子

火车模型

火车模型

安抚奶嘴

安抚奶嘴

聚会

聚会

绘本

绘本

球

球

洋娃娃

洋娃娃

玩

玩

沙坑

沙坑

秋千

秋千

玩具

玩具

游戏机

游戏机

三轮车

三轮车

泰迪熊

泰迪熊

衣柜

衣柜

衣服

衣服

袜子

袜子

长袜

长袜

紧身裤

紧身裤

围巾
围巾

雨伞
雨伞

T恤
T恤

皮带
皮带

靴子
靴子

拖鞋
拖鞋

运动鞋
运动鞋

凉鞋
凉鞋

鞋
鞋

雨靴
雨靴

内裤
内裤

胸罩
胸罩

背心
背心

身体

身体

裤子

裤子

牛仔裤

牛仔裤

短裙

短裙

女式衬衫

女式衬衫

衬衫

衬衫

套头衫

套头衫

卫衣

卫衣

西装夹克

西装夹克

夹克

夹克

外套

外套

雨衣

雨衣

套装

套装

连衣裙

连衣裙

婚纱

婚纱

衣服 - 衣服

西装
西装

睡袍
睡袍

睡衣
睡衣

莎丽
莎丽

头巾
头巾

包头巾
包头巾

波卡
波卡

卡夫坦
卡夫坦

(阿拉伯式)长袍
(阿拉伯式)长袍长袍

泳衣
泳衣

男式泳裤
男式泳裤

短裤
短裤

运动服
运动服

围裙
围裙

手套
手套

衣服 - 衣服

纽扣

纽扣

眼镜

眼镜

手链

手链

项链

项链

戒指

戒指

耳环

耳环

便帽

便帽

衣架

衣架

帽子

帽子

领带

领带

拉链

拉链

头盔

头盔

背带

背带

校服

校服

制服

制服

围兜

围兜

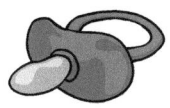

安抚奶嘴

安抚奶嘴

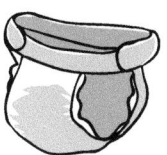

尿不湿

尿不湿

服务器
服务器

文件柜
文件柜

纸
纸

打印机
打印机

显示屏
显示屏

办公桌
办公桌

鼠标
鼠标

文件夹
文件夹

键盘
键盘

废纸篓
废纸筐

电脑
电脑

椅子
椅子

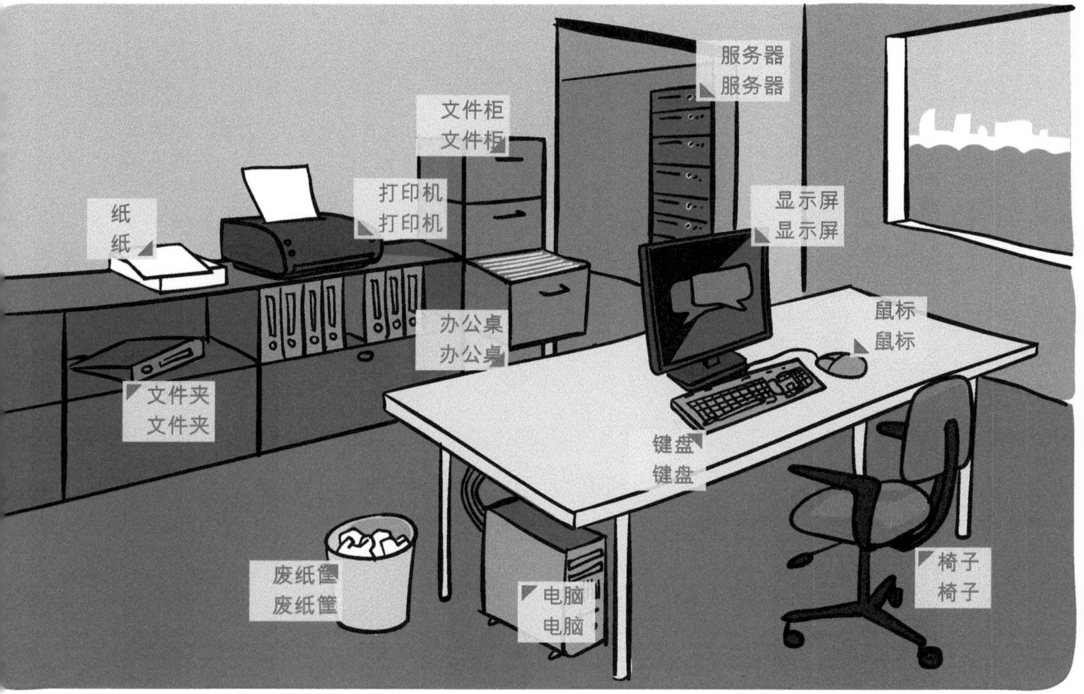

咖啡杯

咖啡杯

计算器

计算器

因特网

因特网

笔记本电脑

笔记本电脑

信件

信件

消息

消息

手机

手机

网络

网络

复印机

复印机

软件

软件

电话

电话

插座

插座

传真机

传真机

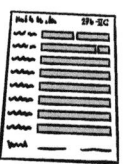

表格

表格

文件

文件

买
买

付钱
付钱

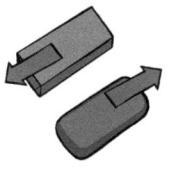

交易
交易

现金
现金

美元
美元

欧元
欧元

日元
日元

卢布
卢布

瑞士法郎
瑞士法郎

人民币
人民币

卢比
卢比

提款处
提款处

外币兑换处

外币兑换处

金

金

银

银

石油

石油

能源

能源

价格

价格

合同

合同

税金

税金

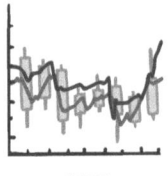

股票

股票

工作

工作

职员

职员

老板

老板

工厂

工厂

商店

商店

职业
职业

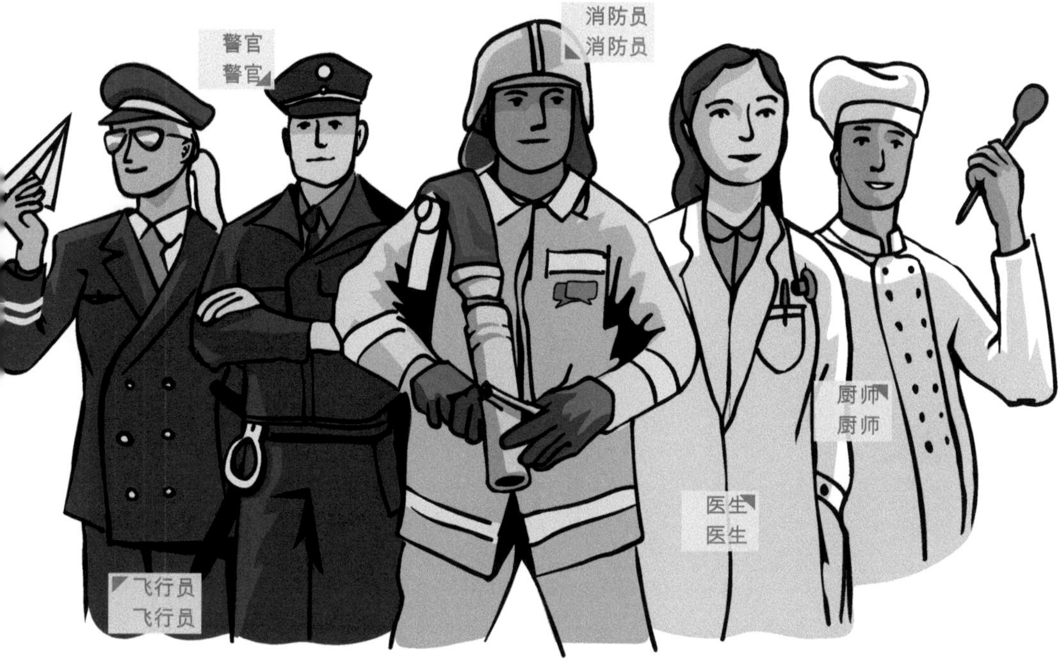
警官
警官
消防员
消防员
厨师
厨师
医生
医生
飞行员
飞行员

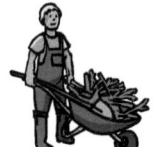

园丁

园丁

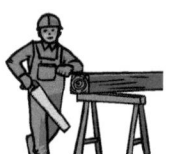

木匠

木匠

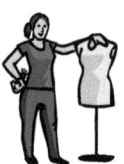

裁缝

裁缝

法官

法官

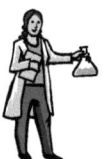

化学家

化学家

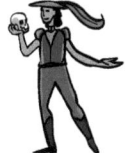

演员

演员

公交车司机

公交车司机

出租车司机

出租车司机

渔夫

渔夫

清洁女工

清洁女工

屋顶工

屋顶工

服务员

服务员

猎人

猎人

画家

画家

面包师

面包师

电工

电工

建筑工人

建筑工人

工程师

工程师

屠夫

屠夫

水管工

水管工

邮递员

邮递员

士兵

士兵

建筑师

建筑师

收银员

收银员

花农

花农

理发师

理发师

售票员

售票员

机械师

机械师

船长

船长

牙医

牙医

科学家

科学家

拉比

拉比

伊玛目

伊玛目

和尚

和尚

牧师

牧师

工具
工具

钳子
钳子
铁锤
铁锤
螺丝刀
螺丝刀
扳手
扳手
手电筒
手电筒

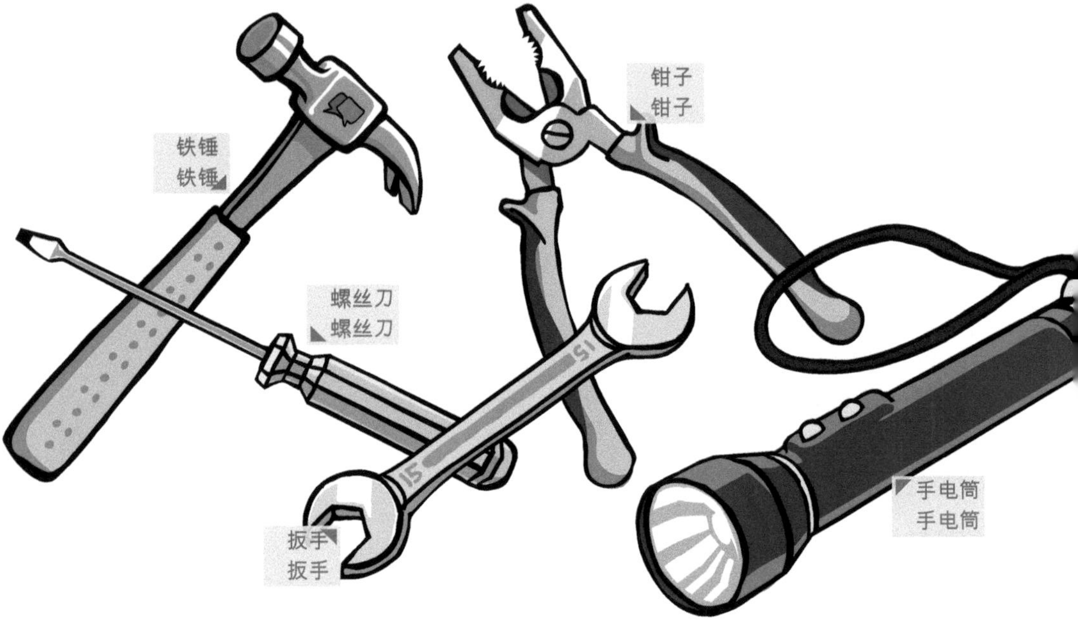

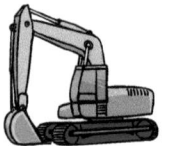

挖掘机

挖掘机

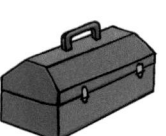

工具箱

工具箱

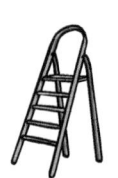

梯子

梯子

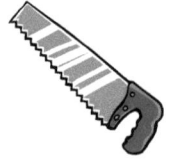

锯子

锯子

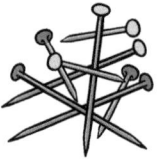

钉子

钉子

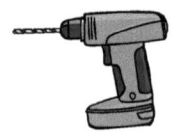

钻机

钻机

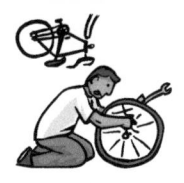

修

修

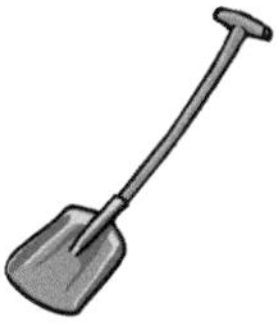

铲子

铲子

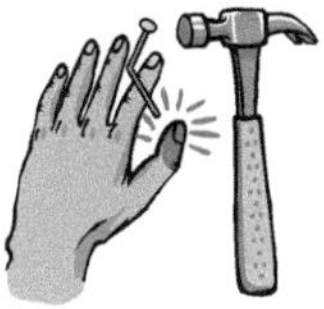

靠！

靠！

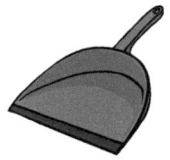

簸箕

簸箕

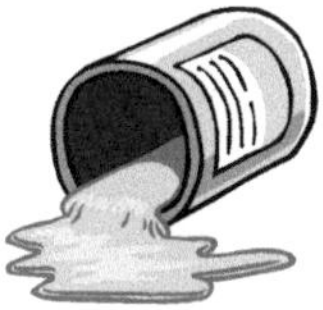

油漆桶

油漆桶

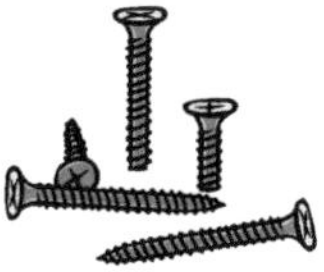

螺丝

螺丝

乐器

乐器

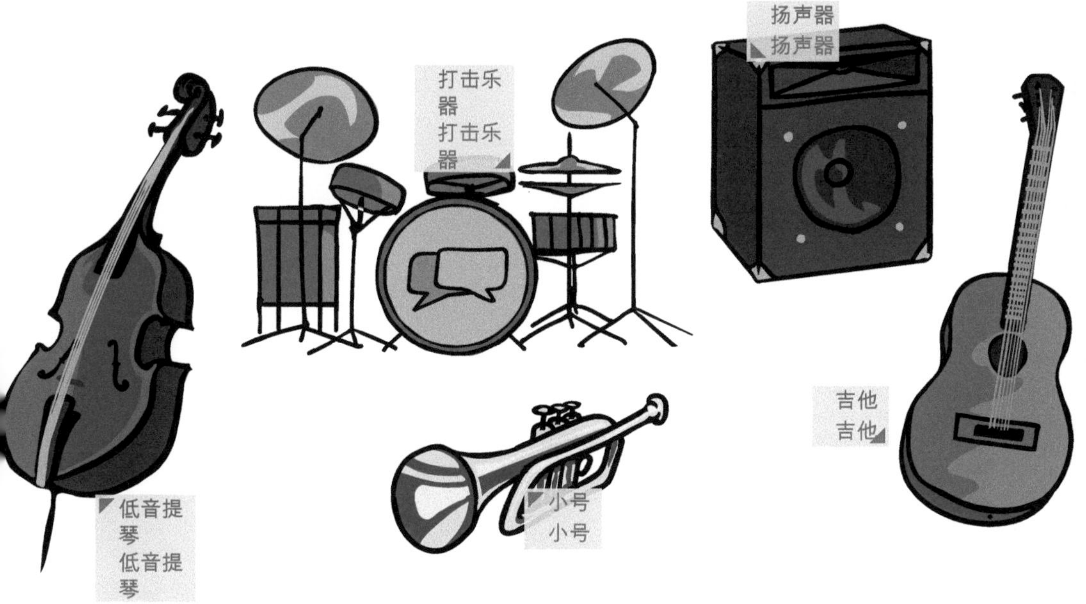
扬声器
扬声器
打击乐器
打击乐器
吉他
吉他
低音提琴
低音提琴
小号
小号

钢琴

钢琴

小提琴

小提琴

贝斯

贝斯

定音鼓

定音鼓

鼓

鼓

电子琴

电子琴

萨克斯管

萨克斯管

长笛

长笛

麦克风

麦克风

动物园

动物园

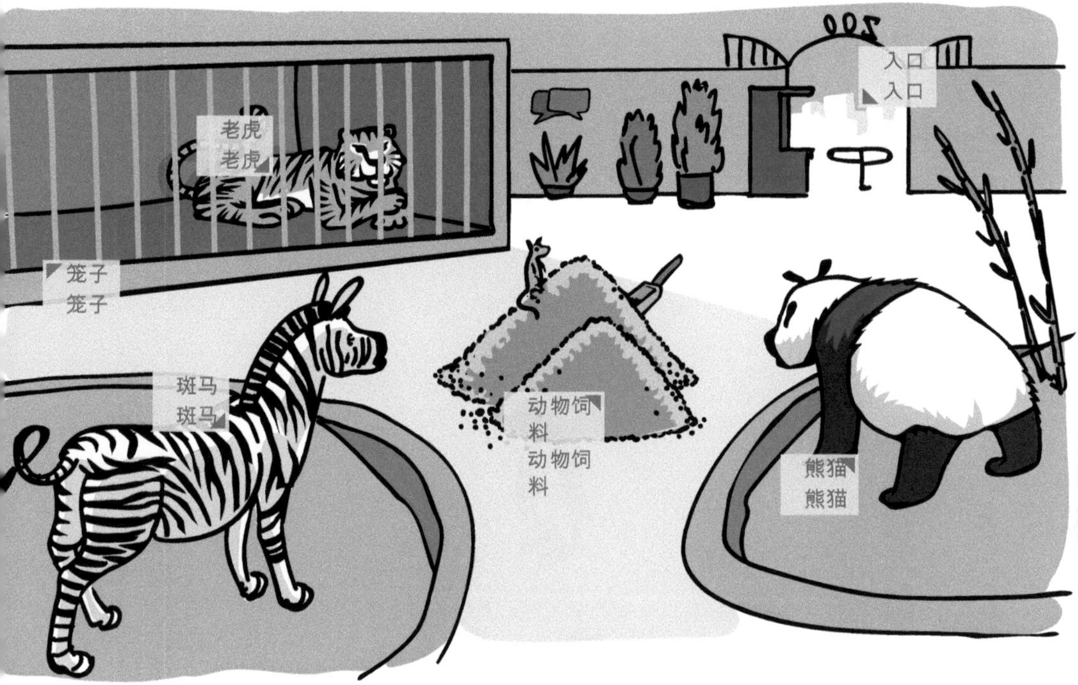
老虎
老虎
入口
入口
笼子
笼子
斑马
斑马
动物饲料
动物饲料
熊猫
熊猫

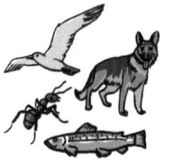

动物

动物

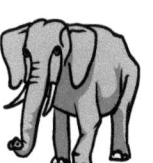

大象

大象

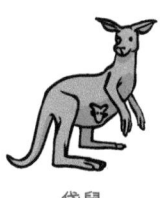

袋鼠

袋鼠

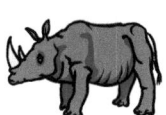

犀牛

犀牛

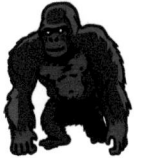

大猩猩

大猩猩

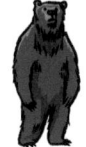

熊

熊

骆驼

骆驼

鸵鸟

鸵鸟

狮子

狮子

猴子

猴子

火烈鸟

火烈鸟

鹦鹉

鹦鹉

北极熊

北极熊

企鹅

企鹅

鲨鱼

鲨鱼

孔雀

孔雀

蛇

蛇

鳄鱼

鳄鱼

动物园管理员

动物园管理员

海豹

海豹

美洲豹

美洲豹

矮种马

矮种马

豹

豹

河马

河马

长颈鹿

长颈鹿

老鹰

老鹰

野猪

野猪

鱼

鱼

龟

龟

海象

海象

狐狸

狐狸

羚羊

羚羊

动物园 - 动物园

橄榄球
橄榄球

骑自行车
骑自行车

网球
网球

篮球
篮球

游泳
游泳

拳击
拳击

冰球
冰球

英式足球
英式足球

羽毛球
羽毛球

田径
田径

手球
手球

滑雪
滑雪

马球
马球

跳
跳

唱
唱

祈祷
祈祷

拥抱
拥抱

笑
笑

亲吻
亲吻

走路
走路

做梦
做梦

书写
书写

画
画

展示
展示

推
推

给
给

拿
拿

活动 - 活动　　　　63

有
有

做
做

当
当

站
站

跑
跑

拉
拉

扔
扔

摔倒
摔倒

躺
躺

等待
等待

携带
携带

坐
坐

穿衣
穿衣

睡觉
睡觉

醒来
醒来

看
看

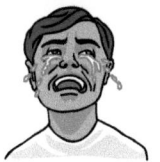

哭
哭

抚摸
抚摸

梳头
梳头

交谈
交谈

明白
明白

问
问

听
听

喝
喝

吃
吃

清理
清理

爱
爱

做饭
做饭

开车
开车

飞
飞

航行

航行

计算

计算

读

读

学习

学习

工作

工作

结婚

结婚

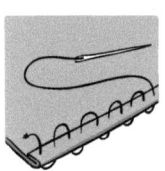

缝

缝

刷牙

刷牙

杀

杀

抽烟

抽烟

寄

寄

祖母
祖母

祖父
祖父

父亲
父亲

母亲
母亲

婴童
婴童

女儿
女儿

儿子
儿子

客人
客人

阿姨
阿姨

叔叔
叔叔

兄弟
兄弟

姐妹
姐妹

身体

身体

前额
前额
眼睛
眼睛
脸
脸
下巴
下巴
乳房
乳房
手指
手指
手
手
手臂
手臂
肩膀
肩膀
腿
腿

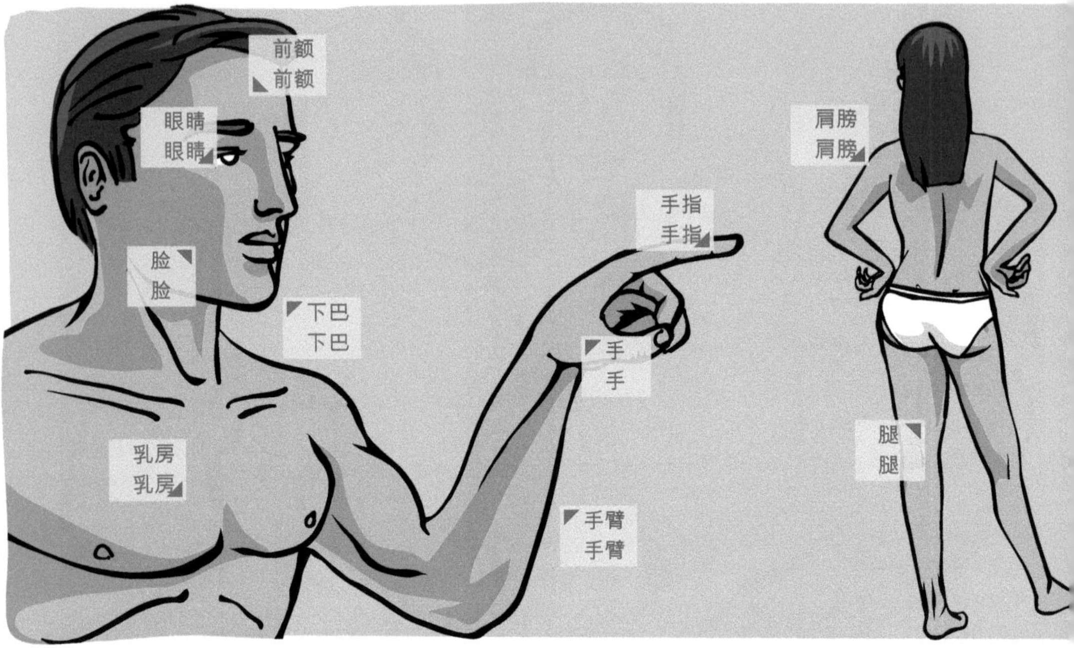

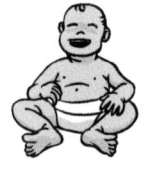

婴童

婴童

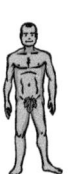

男人

男人

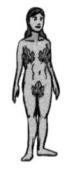

女人

女人

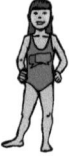

女孩

女孩

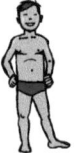

男孩

男孩

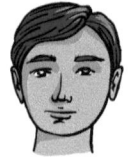

头

头

背部

背部

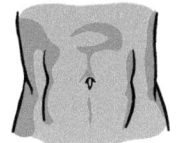

肚子

肚子

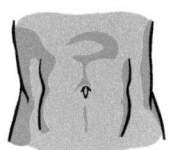

肚脐

肚脐

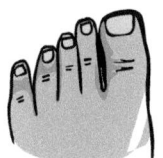

脚趾

脚趾

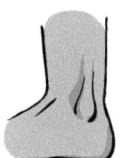

脚后跟

脚后跟

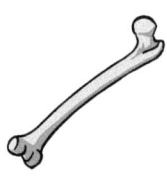

骨头

骨头

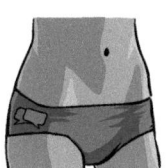

臀部

臀部

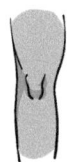

膝盖

膝盖

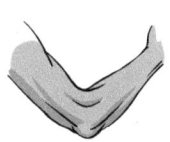

手肘

手肘

鼻子

鼻子

屁股

屁股

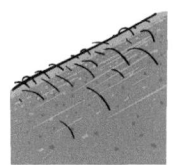

皮肤

皮肤

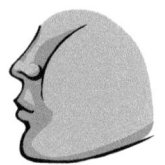

脸颊

脸颊

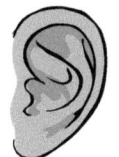

耳朵

耳朵

嘴唇

嘴唇

身体 - 身体

嘴

嘴

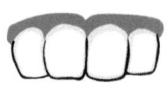

牙齿

牙齿

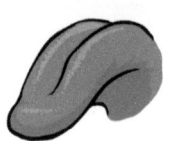

舌头

舌头

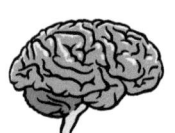

脑

脑

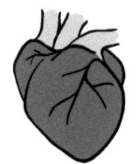

心脏

心脏

肌肉

肌肉

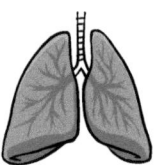

肺

肺

肝脏

肝脏

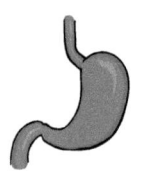

胃

胃

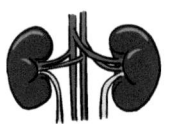

肾脏

肾脏

性交

性交

避孕套

避孕套

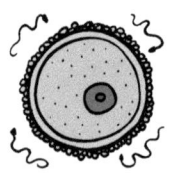

卵子

卵子

精子

精子

怀孕

怀孕

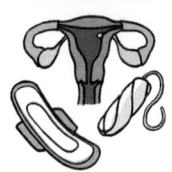

月经
月经

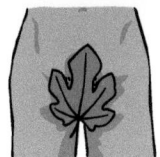

阴道
阴道

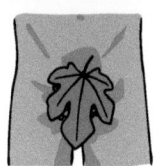

阴茎
阴茎

眉毛
眉毛

头发
头发

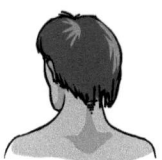

脖子
脖子

医院

医院

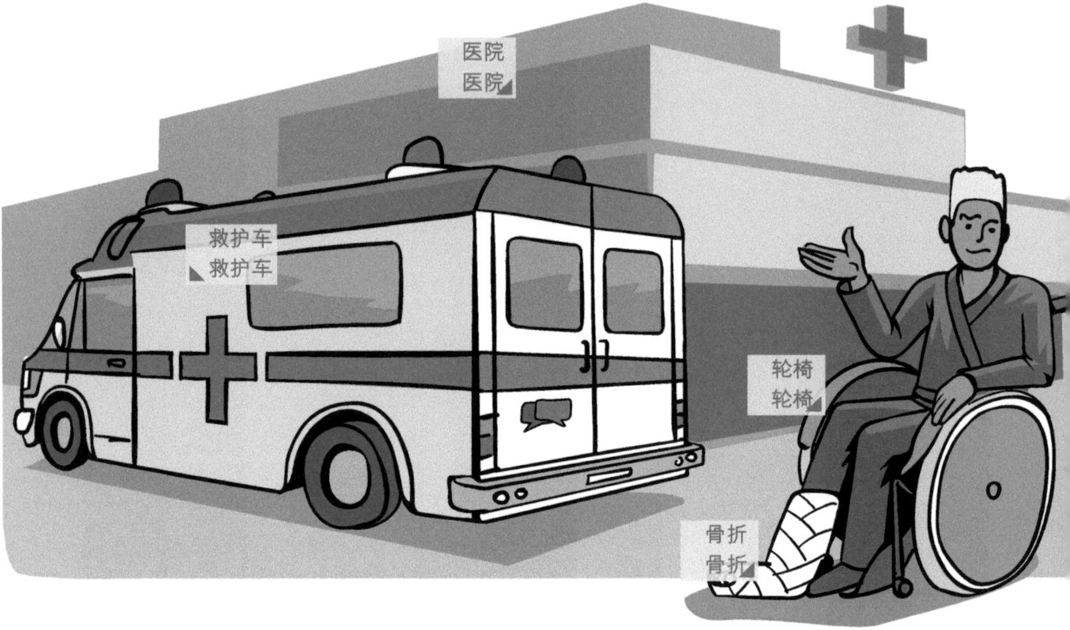

医院
医院
救护车
救护车
轮椅
轮椅
骨折
骨折

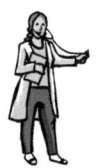

医生

医生

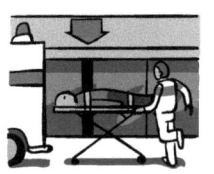

急诊室

急诊室

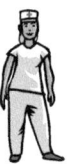

护士

护士

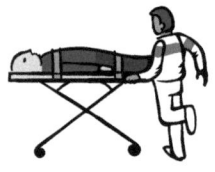

紧急情况

紧急情况

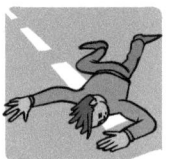

昏迷

昏迷

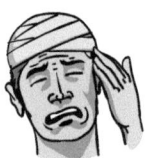

痛

痛

受伤

受伤

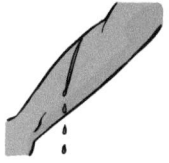

出血

出血

心脏病发作

心脏病发作

中风

中风

过敏

过敏

咳嗽

咳嗽

发烧

发烧

流感

流感

腹泻

腹泻

头痛

头痛

癌症

癌症

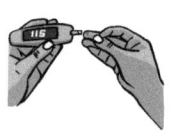

糖尿病

糖尿病

外科医生

外科医生

手术刀

手术刀

手术

手术

CT

CT

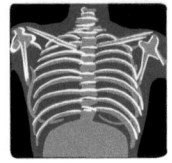

X光

X光

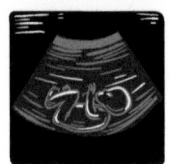

超声波

超声波

口罩

口罩

疾病

疾病

候诊室

候诊室

拐杖

拐杖

石膏

石膏

绷带

绷带

注射

注射

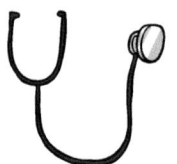

听诊器

听诊器

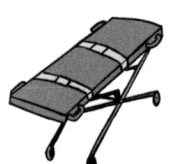

担架

担架

体温计

体温计

出生

出生

超重

超重

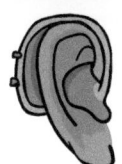

助听器

助听器

消毒液

消毒液

感染

感染

病毒

病毒

艾滋病

艾滋病

药物

药物

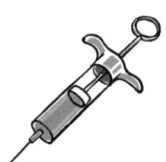

接种疫苗

接种疫苗

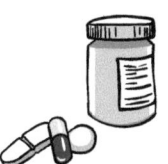

药片

药片

药丸

药丸

急救电话

急救电话

血压计

血压计

生病/健康

生病/健康

救命！

救命！

警报

警报

突击

突击

攻击

攻击

危险

危险

紧急出口

紧急出口

着火啦！

着火啦！

灭火器

灭火器

意外

意外

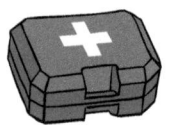

急救箱

急救箱

呼救信号

呼救信号

警察

警察

欧洲

欧洲

北美洲

北美洲

南美洲

南美洲

非洲

非洲

亚洲

亚洲

澳洲

澳洲

大西洋

大西洋

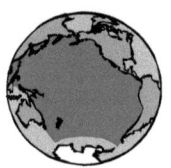

太平洋

太平洋

印度洋

印度洋

南冰洋

南冰洋

北冰洋

北冰洋

北极

北极

南极
········
南极

南极洲
········
南极洲

地球
········
地球

陆地
········
陆地

海
········
海

岛
········
岛

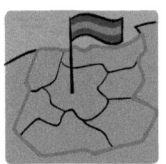

国家
········
国家

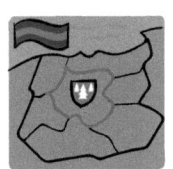

国家
········
国家

钟面

钟面

时针

时针

分针

分针

秒针

秒针

现在几点？

现在几点？

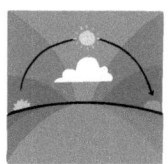

天

天

时间

时间

现在

现在

电子表

电子表

分

分

时

时

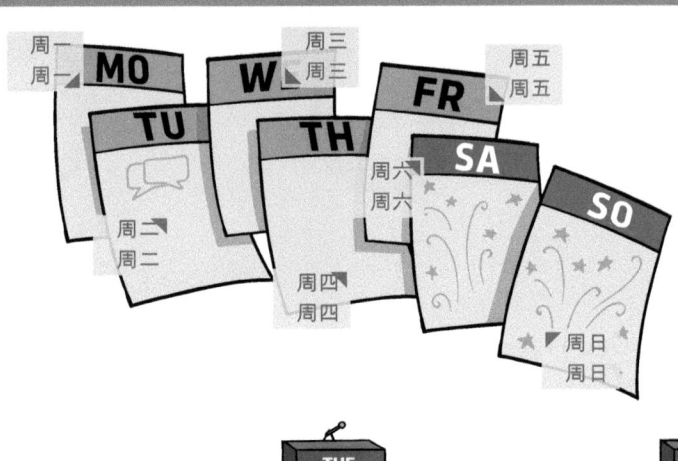

昨天
....
昨天

今天
....
今天

明天
....
明天

早晨
....
早晨

中午
....
中午

晚上
....
晚上

工作日
....
工作日

周末
....
周末

天气预报
天气预报

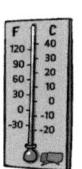

温度计
温度计

阳光
阳光

云
云

雾
雾

潮湿
潮湿

闪电

闪电

打雷

打雷

风暴

风暴

冰雹

冰雹

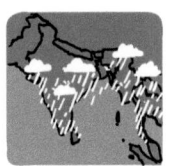

季风

季风

洪水

洪水

冰

冰

一月

一月

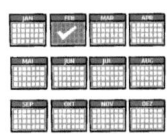

二月

二月

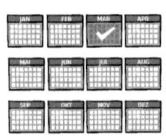

三月

三月

四月

四月

五月

五月

六月

六月

七月

七月

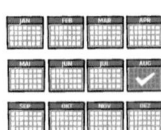

八月

八月

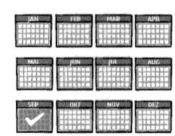

九月
....
九月

十月
....
十月

十一月
....
十一月

十二月
....
十二月

形状

形状

圆形
....
圆形

正方形
....
正方形

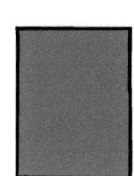

长方形
....
长方形

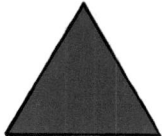

三角形
....
三角形

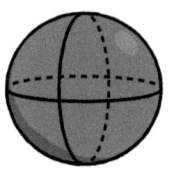

球体
....
球体

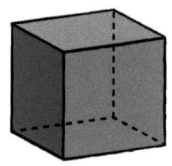

立方体
....
立方体

白

白

黄

黄

橙

橙

粉

粉

红

红

紫

紫

蓝

蓝

绿

绿

棕

棕

灰

灰

黑

黑

很多/少许

很多/少许

生气/平静

生气/平静

美/丑

美/丑

首/尾

首/尾

大/小

大/小

明/暗

明/暗

兄弟/姐妹

兄弟/姐妹

干净/肮脏

干净/肮脏

完整/缺失

完整/缺失

白天/晚上

白天/晚上

死/生

死/生

宽/窄

宽/窄

可食用/非食用

可食用/非食用

邪恶/善良

邪恶/善良

兴奋/无聊

兴奋/无聊

胖/瘦

胖/瘦

第一/最后

第一/最后

朋友/敌人

朋友/敌人

满/空

满/空

硬/软

硬/软

重/轻

重/轻

饿/渴

饿/渴

生病/健康

生病/健康

非法/合法

非法/合法

聪明/愚笨

聪明/愚笨

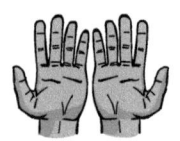

左/右

左/右

近/远

近/远

新/旧

新/旧

没有/有些

没有/有些

老/幼

老/幼

开/关

开/关

打开/合上

打开/合上

安静/吵闹

安静/吵闹

富/穷

富/穷

对/错

对/错

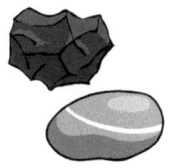

粗糙/光滑

粗糙/光滑

伤心/高兴

伤心/高兴

短/长

短/长

慢/快

慢/快

湿/干

湿/干

温暖/凉爽

温暖/凉爽

战争/和平

战争/和平

0

零
零

1

一
一

2

二
二

3

三
三

4

四
四

5

五
五

6

六
六

7

七
七

8

八
八

9

九
九

10

十
十

11

十一
十一

12

十二

十二

13

十三

十三

14

十四

十四

15

十五

十五

16

十六

十六

17

十七

十七

18

十八

十八

19

十九

十九

20

二十

二十

100

百

百

1.000

千

千

1.000.000

百万

百万

英语

英语

美式英语

美式英语

普通话

普通话

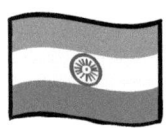

印地语

印地语

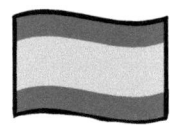

西班牙语

西班牙语

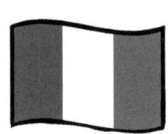

法语

法语

阿拉伯语

阿拉伯语

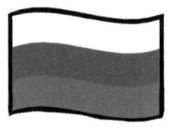

俄语

俄语

葡萄牙语

葡萄牙语

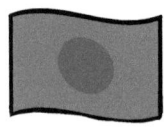

孟加拉语

孟加拉语

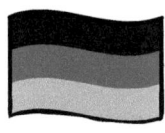

德语

德语

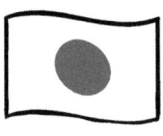

日语

日语

我

我

你

你

他/她/它

他/她/它

我们

我们

你们

你们

他们

他们

谁？

谁？

什么？

什么？

怎样？

怎样？

哪里？

哪里？

什么时候？

什么时候？

名字

名字

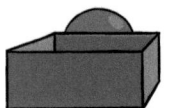

后面
....
后面

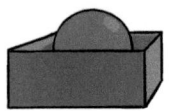

里面
....
里面

前面
....
前面

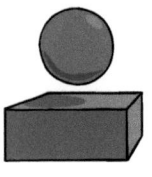

上方
....
上方

上面
....
上面

下面
....
下面

旁边
....
旁边

中间
....
中间

地点
....
地点